AF499839

UN RÉPUBLICAIN

AU

DUC D'AUMALE

C.-E. LABORDE

Prix : 25 centimes.

PARIS

IMPRIMERIE JULIEN CAHEN ET DENNERY

22, RUE DE RAMBUTEAU.

AU DUC D'AUMALE

Monsieur,

Ne vous étonnez pas de ce nom, qu'on ne vous donne pas dans votre entourage.

Il blessera, peut-être, au premier abord, la susceptibilité de vos oreilles princières accoutumées par les courtisans à de plus nobles appellations.

C'est un républicain qui vous écrit.

Vous comprenez qu'il ne saurait faire plier la fierté de son langage démocratique à l'étiquette des cours.

Il n'est pas pour lui de prince, de monseigneur et d'altesse ; ce sont là des titres contraires à l'égalité.

Du reste, et entre nous, ces titres sont tellement vieillis, et si fort démodés pour tout le monde, qu'on paraît ridicule en les employant, et qu'on ne sait en vérité dans quelle posture il convient de les prononcer.

La seule qualification qu'il serait permis à un républicain de vous donner, et qui lui paraît au-dessus de toutes les autres, est celle de citoyen : *civis sum*!

Mais, outre que vous n'avez peut-être pas un goût aussi prononcé pour elle, votre conduite, dans ces derniers jours, montre assez clairement que vous ne cherchez pas à la mériter.

Or donc, Monsieur, voici ce que je me permets, ce que je crois avoir le droit de vous dire.

Vous êtes, en effet, député, et par une fiction constitutionnelle depuis longtemps acceptée dans les théories politiques, vous êtes devenu mon représentant.

Par conséquent vous êtes mon justiciable.

Lorsque vous avez offert, il y a quelques mois, votre épée de soldat à la France envahie, tout le monde a cru à la pureté de vos intentions, à la sincérité de votre dévouement patriotique.

On comprit que cette épée qui avait jeté de si brillants reflets au soleil d'Afrique, en des jours plus heureux, ne pouvait pas se résigner à rester au fourreau dans nos jours de malheur. On applaudit à vos chaleureuses paroles en vous entendant déclarer que vous ne demandiez que le droit de combattre pour la patrie, sans arrière-pensée personnelle ou dynastique, dans un rang subalterne de notre armée, sous l'obscurité d'un nom de convention, comme le dernier des soldats.

C'était simple et grand.

Celui qui aurait alors mis en doute la loyauté de votre parole aurait passé pour un calomniateur.

On n'aime pas à voir suspecter les grands sentiments.

Toutefois, une considération politique d'un ordre supérieur fit à regret refuser votre offre.

Mais aujourd'hui l'opinion juge tout autrement votre candidature à l'Assemblée nationale.

Elle n'y a vu que votre ambition.

Ce brusque changement de conduite, en jetant sur vous une légitime suspicion dans le présent et l'avenir, a réagi sur le passé et vous a ravi le mérite de la confiance que vous aviez obtenue, en montrant à tous qu'elle n'aurait été de notre part qu'une généreuse illusion.

Oui, Monsieur, vous n'êtes pas un citoyen qui sollicite le suffrage populaire pour se dévouer à la cause du peuple, vous êtes un prétendant qui vient capter, sous la République, le vote des électeurs, pour préparer bientôt, par des voies secrètes et ténébreuses, le rétablissement de la Monarchie.

Ce n'est pas un drapeau électoral que vous avez planté parmi nous, c'est un drapeau dynastique.

Nul doute à cet égard.

Il n'y a qu'une chose dont on peut douter, c'est le point de savoir si c'est pour votre compte ou pour celui du jeune chef héréditaire de votre race, que vous agissez.

Certains précédents de votre famille ne permettent pas

à ce sujet de se prononcer sans crainte d'un jugement téméraire.

Mais cela nous importe peu.

Nous ne voulons pas plus, — comment dirai-je ? — de Ferdinand Ier que de Louis-Philippe II.

N'essayez pas de soutenir que vous n'avez pas les intentions que l'on vous suppose.

Personne ne vous croirait, et ce serait inutilement vous exposer aux plus extrêmes outrages de la méfiance.

Mêlez à votre rôle un peu de sincérité.

Vous l'avez compris, ce me semble, dans une certaine mesure.

Il suffit, en effet, de jeter les yeux sur la profession de foi, ou, si vous le voulez, sur la proclamation que vous avez adressée aux électeurs.

Vous vous y attachez tout d'abord à déclarer que dans votre pensée, mûrie par les méditations de l'exil et le spectacle de nos malheurs, la forme de gouvernement qui convient le mieux à la France est la royauté constitutionnelle.

C'est votre opinion, Monsieur.

Mais qui vous la demande pour le moment ?

Vous n'êtes pas un juge assez impartial, avouez-le, pour vous prononcer sur cette question de droit politique.

Comme il serait facile de vous démontrer que votre royauté constitutionnelle éclaterait comme verre, si l'on essayait un seul instant d'y enfermer l'expansion désormais irrésistible des intérêts et des droits du peuple !

Quelle figure feriez-vous, avec le peu de force que vous donnerait une constitution libérale, dans un cas de conflit sur la liberté de la presse ou le droit de réunion, par exemple, en présence d'une armée nationale et du suffrage universel ? On vous verrait bientôt éperdu au milieu de tous ces fusils et de tous ces votes. Ni vous ni tout autre ne pourriez arriver à la pondération de cette balance qui sert d'emblême à votre système de royauté, et dont les plateaux seraient constamment secoués au souffle du peuple, comme par des vents déchaînés. Ainsi que votre père, vous iriez fatalement au jour de la surprise ou de la catastrophe, et il n'y aurait entre vous et lui, vu la plus grande difficulté des temps, qu'une différence : l'extrême précipitation de votre marche.

La République seule peut nous régénérer, et il ne s'agit de rien moins que de notre régénération. Notre grandeur nationale, notre vie même sont au prix de l'épuration de nos mœurs privées, de la restauration de nos mœurs publiques. Or, la royauté constitutionnelle, sans force et sans vertu, ne ferait que nous endormir dans la décadence et nous livrerait à l'influence funeste de ces deux maximes qui en résument l'esprit : *Enrichissez-vous*, et *chacun pour soi.*

Mais nous n'avons pas, pour le moment, à traiter ces grandes questions.

Laissez-moi continuer.

Comment donc ne pas supposer, après votre aveu dépouillé d'artifice, du plus grand avantage de la royauté constitutionnelle pour notre pays, que tous vos efforts comme député ne tendront pas naturellement à nous doter quand même de cette royauté?

Ce serait de notre part le comble de l'illusion.

J'ajoute que ce serait de la vôtre une inconséquence, et, qu'après la déclaration si formelle de vos prémisses, vous seriez en droit de vous étonner un jour de vous entendre reprocher vos conclusions.

Dans votre profession de foi, vous dites pourtant un mot de la République.

Il aurait été trop fort de la passer sous silence!

Vous vous résignerez à la servir, si la majorité de la nation la proclame... Elle ne vous est pas antipathique... Elle est une légende glorieuse... Vous aimez à vous rappeler que les souvenirs de votre race sont mêlés à l'histoire de son premier avénement dans votre pays...

Nous le savons, et ces souvenirs ne sont pas seulement ceux de Jemmapes et de Valmy.

Mais ne ressort-il pas de ces paroles, qui ne font que traduire les vôtres avec plus de bonhomie, qu'il ne faut pas compter de votre part sur un zèle excessif pour la République, et que vous la regardez déjà comme une velléité capricieuse de la France, voulant encore essayer son impossible restauration.

Je suis persuadé, Monsieur, que les personnes qui vous entourent doivent vous entendre répéter souvent la fameuse parole que prononça le vieux Lafayette, bientôt repentant de sa sénile crédulité, le jour où il présenta votre père au peuple sur le perron de l'Hôtel-de-Ville :

« *Français, voilà la meilleure des Républiques!...* »

République et Monarchie, pourquoi cette dualité?

C'est aujourd'hui pour vous une seule et même chose, et vous devez assez volontiers les amalgamer ensemble, jusqu'au jour où il sera temps de les séparer, à l'avantage exclusif de la Monarchie.

Paris n'a pas eu de peine à pénétrer les desseins de votre ambition, et vous voyez comment il les a déjoués.

Vous n'avez eu que quelques voix dans cette ville intelligente et façonnée aux manœuvres des prétendants.

Il en a été autrement, je le sais, en province, dans deux départements.

Votre nom, votre immense fortune, la cohue de vos partisans, la perspective exploitée auprès des trembleurs d'avoir en vous une garantie contre les excès possibles de l'avenir, l'espérance éveillée dans le cœur de quelques tardigrades de la bourgeoisie du retour de la royauté de juillet, chère à leurs premiers ans, vous ont concilié les voix d'une partie de la population des petites villes et de l'immense majorité de la population des campagnes.

On peut dire au moins que ces électeurs ne seront pas trompés !

Eh bien, Monsieur, les aspirations monarchiques qui vous animent et qui s[illegible]nt dans nos luttes pacififiques de l'élection, doivent être sévèrement condamnées.

L'ambition est plus que jamais un crime, quand le patriotisme est à l'ordre du jour.

Quoi! c'est au moment où la patrie sanglante, épuisée, fait appel à l'union de tous ses enfants pour panser ses blessures et réparer ses forces, que vous venez lancer parmi nous votre nom, comme un brandon de discorde!

Pauvre France, dans tes malheurs, et, si je n'avais l'espérance, je dirais presque dans ton agonie, tu n'auras pas même trouvé un dévouement sincère chez ceux que tu as jadis comblés de tes suprêmes faveurs, et qui promènent partout une illustration et une opulence dont ils te sont redevables.

Regni sacra fames !

Que la juste réprobation de la patrie retombe sur vous.

Si vous voulez maintenant, Monsieur, une autre appréciation de votre conduite, qui n'a pour nous qu'une médiocre valeur, mais que vous mettrez, peut-être, au dessus de celle de la morale, je vous dirai qu'elle est une faute grave au point de vue politique.

Talleyrand, qui fut longtemps le conseiller de votre père, et qui jugeait non par la conscience, mais par l'esprit, les choses de l'ordre moral, vous aurait certainement improuvé.

Dans les temps de troubles, la seule tactique d'un prétendant, qui a fait assez de bruit pour ne pas être oublié, consiste uniquement à se tenir à l'écart et à se faire désirer comme une espérance suprême.

Mais ce n'est pas à un républicain à se plaindre des fautes des prétendants.

Je m'étonne seulement qu'il n'y ait pas eu dans votre entourage un homme assez politique pour contenir quelque temps encore les ardeurs de votre ambition.

Ce n'est pas tout.

Pour discuter à fond une question, et je tiens à vider complétement celle-ci, on se place parfois dans le domaine de l'hypothèse.

Faisons donc une supposition, serait-elle des plus inadmissibles.

Après avoir établi que vous ne sauriez être sincère dans l'affirmation de votre dévouement à la République, supposons que vous lui avez fait en secret, au fond de votre cœur, le sacrifice méritoire de vos aspirations monarchiques.

Croyez-vous que vous seriez à même de la servir ?

Il est évident que votre présence à l'Assemblée ne saurait que lui être funeste.

Vous connaissez les hommes, Monsieur, ils ne se douteraient pas de votre héroïque désintéressement.

On verrait bientôt s'agiter autour de vous une coterie d'intrigants désireux de s'attacher à votre fortune, vous excitant de leurs conseils à fouler aux pieds tout scrupule, vous compromettant sans cesse par l'indiscrétion de leurs paroles et la témérité de leurs actes.

En vain vous tairiez-vous.

Votre silence serait considéré comme une preuve de votre secrète conspiration.

Nous connaissons cette manière de conspirer!

Elle fut celle d'un autre prétendant qui, en 1848, brigua comme vous le suffrage populaire pour un simple mandat de représentant.

Je vous demande pardon de ce rapprochement qui, dans mon intention, ne saurait être injurieux pour vous, et qu'amène ici seulement le cours naturel des considérations suggérées à mon esprit par votre conduite.

Que serait-ce, si vous parliez?

Plus vos paroles tendraient à témoigner de la sincérité de votre dévouement à la République, plus on s'attacherait à y voir une arrière-pensée habilement déguisée.

Vous le savez, on excelle dans notre pays, et notre langue s'y prête à merveille, à chercher dans ce qu'on dit le contraire de ce qu'on pense.

Vous seriez calomnié!

Oui, vous seriez calomnié, alors même qu'à l'exemple d'Égalité, votre grand-père, vous iriez jusqu'à prendre le nom de Liberté ou de Fraternité.

Monsieur, il faut vous y résigner.

Le destin qui vous a fait naître, au XIXe siècle, sur les marches d'un trône, vous a refusé le bonheur de pouvoir servir la République.

On ne peut pas tout avoir.

Aujourd'hui, dans la transition manifeste des gouvernements de la forme monarchique à la forme républicaine, les princes n'ont d'autre moyen de contribuer au bien de leur pays que de s'éloigner et se tenir à l'écart.

L'abstention est le plus grand service qu'on puisse leur demander.

C'est peut-être pénible pour leur amour-propre, mais cela est.

Pour bien mériter de leur patrie, ils n'ont qu'à la laisser tranquille.

Vous devez commencer à vous en douter, si vous n'en êtes au fond tout à fait convaincu déjà ; mais, si vous estimez que votre pays peut se passer de vous, il vous est plus difficile de vous passer de votre pays.

Nous le comprenons !

Du reste, tout en appartenant à la branche cadette des Bourbons, qui a longtemps affecté de professer le plus grand respect pour le droit des nations à se choisir un gouvernement, vous n'êtes pas sans porter en vous un peu de ce levain de la doctrine traditionnelle des monarchies, que les princes de sang royal ne sont pas sans droit à intervenir dans le libre choix des nations.

Vous cédez irrésistiblement à cette doctrine qui trouve dans votre cœur, comme dans celui de tous les prétendants, une si vive incitation.

Car, convenez-en, personne ne vous appelait.

Nulle clameur populaire, sortie de nos périls ou de nos

angoisses patriotiques, n'est allée jusqu'à vous sur la terre d'exil.

La patrie ne vous a pas crié : au secours !

On avait déjà refusé votre épée, parce qu'un soldat de plus au service de la France ne valait pas en définitive un prétendant de moins.

Vous n'étiez pas ensuite un assez grand général pour qu'on fît dépendre de vous les destinées de la guerre.

La patrie ne songeait pas non plus aux services que vous pouviez avoir l'intention de lui rendre en qualité de représentant du peuple à l'Assemblée nationale.

Que pouvait-on attendre de vous à ce poste ?

Ce n'était pas l'expérience d'un homme d'État, car vous nous êtes parfaitement inconnu sous cet aspect politique, et, si vous avez en vous ces rares qualités qui donnent des droits au gouvernement des peuples, vous seul, jusqu'à présent, êtes à même de le savoir ; j'ai dit assez que ce n'était pas l'union, la concorde, la fusion de tous les partis en un seul, le parti du bien public, comme préface du concours fraternel de tous à l'établissement de la République.

Je suis persuadé, Monsieur, que vous auriez vous-même résisté à l'impatience de votre ambition, si vous aviez eu affaire à un gouvernement composé de républicains virils, se souvenant un peu plus de la tradition révolutionnaire du comité de salut public.

Le souvenir de votre aïeul, souvenir qui n'est peut-être pas un de ceux auxquels vous entendiez faire allusion dans votre profession de foi, vous aurait au besoin inspiré plus de circonspection.

Mais notre triste gouvernement de la défense n'était pas, je le reconnais, de nature à vous faire peur.

Qui sait si vous n'étiez pas même en droit de penser que vous aviez, à côté des lymphatiques représentants qui le composaient, quelques partisans de votre dynastie, quelques auxiliaires de votre ambition?

Nulle mesure du pouvoir n'est venue s'opposer à votre élection; votre nom et votre profession de foi ont été affichés sur tous les murs avec la prodigalité d'une bourse inépuisable; vos agents se sont répandus partout sans la moindre résistance de la part des représentants de l'autorité.

On aurait dit une candidature officielle!

Et cependant tout cela était une violation flagrante de la loi, tout cela était un attentat manifeste à la sûreté de la République.

Mais, après le gouvernement de la défense qui vous a laissé faire, quelle sera la conduite de l'Assemblée nationale?

On ne devrait pas se le demander.

L'Assemblée nationale devrait casser votre élection comme contraire aux décrets qui vous ont proscrit avec tous les membres de votre famille.

L'Assemblée nationale devrait même infliger un blâme sévère à la partie de la population qui s'est rendue complice de votre coupable entreprise, et aux bureaux de dépouillement qui, cédant à la pression morale de cette population, ont compté ces bulletins illégaux qu'ils auraient dû considérer comme nuls.

Mais l'Assemblée ne le fera pas.

Elle, qui se serait très certainement empressée d'annuler l'élection de Garibaldi, n'hésitera pas à valider la vôtre.

Vous comptez dans son sein des partisans de vieille date, qui seront heureux de vous témoigner au plus tôt la persévérance de leur bon vouloir.

Leur nombre y a même dépassé vos espérances et nos craintes.

Vous y trouverez de plus des jurisconsultes qui, n'ayant appris dans l'étude des lois que l'art de les éluder, sauront inventer pour la validité de votre élection des arguments juridiques de nature à contenter le vulgaire, du reste peu difficile.

On n'aura pas à regretter la souplesse d'esprit qu'un Troplong mettait autrefois au service de l'Empire.

Ces hommes du droit diront qu'en vous portant à l'Assemblée nationale, le vote des électeurs a infirmé les décrets de proscription rendus contre vous ; ils répondront ironiquement aux républicains, toujours étonnés et naïfs, qu'ainsi le veut leur suffrage universel, leur loi souveraine et discrétionnaire; on les verra même, pour soutenir cette thèse momentanée, se montrer les plus zélés défenseurs de la volonté du peuple.

Tartufes de la loi, faux prêtres de la justice, qui feindront de ne pas voir que les bulletins factieux de quarante ou cinquante mille électeurs ne sauraient l'emporter sur les décrets de la nation, représentée dans son intégralité par les pouvoirs publics.

Pour faire tomber ces décrets, il ne faudrait rien moins que la majorité des électeurs de toute la France.

Or, cette majorité vous ne l'avez pas.

Il faudrait même, et ces jurisconsultes le savent bien, que cette majorité fît précéder votre élection de l'abrogation des décrets.

Que l'Assemblée nationale y prenne garde, c'est un mauvais exemple à donner au peuple, que cette inauguration de son pouvoir par un acte d'hypocrisie juridique!

A cette école, le peuple pourrait apprendre, non à tourner la loi, il n'est pas assez subtil pour cela, mais à la briser; on connaît ses violences.

Monsieur, ne cherchez pas à nous apitoyer sur votre exil et sur celui des membres de votre auguste famille.

L'exil des princes a de larges compensations.

Il ne leur enlève pas la fastueuse opulence, le respect et l'adulation d'un monde de courtisans, le stupide ébahissement de la foule au seul bruit de leur nom.

C'est l'exil du citoyen qui est digne de pitié !

Il apporte avec lui la misère, la solitude, le silence et l'oubli.

Le citoyen proscrit n'a de patrie nulle part.

Les princes exilés en ont une partout.

Je termine, en vous disant,

A vous, à votre frère le duc de Joinville, qui

a posé lui aussi sa candidature à la même Assemblée ; au chef héréditaire de votre famille que vous laissez dans l'ombre, pendant qu'il est trop tôt ou jusqu'à ce qu'il soit trop tard ; à tous les prétendants bannis par les républiques :

Messieurs,

Vous ne voulez pas, vous ne pouvez pas être de simples citoyens ; vous ne voulez pas, vous ne pouvez pas accepter l'égalité : eh bien, la République, qui n'admet que des citoyens et qui ne veut que des égaux, est forcée de vous proscrire.

Il faut bien mettre hors la loi politique ceux qui ne veulent pas se ranger au-dessous d'elle.

Ne vous en prenez donc qu'à vous-mêmes de la nécessité de votre exil.

Daignez agréer, Monsieur, les salutations d'un Français qui se console de ne pas être votre concitoyen, par la crainte de devenir votre sujet,

C.-E. LABORDE

68, rue Lafayette.

Paris, 21 Février 1871.

PARIS. — TYPOGRAPHIE ALCAN-LÉVY, RUE LAFAYETTE, 61.

www.ingramcontent.com/pod-product-compliance
Ingram Content Group UK Ltd.
Pitfield, Milton Keynes, MK11 3LW, UK
UKHW012313240726
13966UKWH00005B/1843